ANNINA SCHÄFLEIN UND LENA MERZ

ONE POT FOR FAMILY

Macht alle satt und glücklich

FOTOGRAFIE MONA BINNER | COCO LANG

INHALT

Öffnen Sie die Klappen dieses Buches.
Dort finden Sie die wichtigsten Infos zum Thema auf einen Blick!

DAS PRINZIP:
ONE POT

DIE PERFEKTE
KOMBI

Immer griffbereit:

SPEED-TIPPS FÜR
HUNGRIGE KINDER

Immer griffbereit:

AUS DEM VORRAT

GU
CLOU

Wussten Sie schon, dass ...?
Entdecken Sie bei einigen ausgewählten Rezepten ganz besondere Tipps mit verblüffendem Insiderwissen.
Aha-Momente garantiert!

Mit diesem Symbol sind alle vegetarischen Gerichte gekennzeichnet.

Die Backzeiten können je nach Herd variieren. Unsere Temperaturangaben beziehen sich auf das Backen im Elektroherd mit Ober- und Unterhitze.

REZEPTKAPITEL

ANNINA SCHÄFLEIN & LENA MERZ

Schon lange bevor wir hungrige Kindermäuler versorgen durften, erschienen uns One-Pot-Gerichte als die Lösung im stressigen Alltag. Man hat immer wenig zu spülen und kann trotzdem unglaublich leckere Gerichte zaubern. Unsere neuen Ideen sind für 2 Erwachsene und 2 (große) Kinder konzipiert – Reste lassen sich hervorragend einfrieren und als Meal Prep mitnehmen.

Warum eignet sich One Pot so gut für Familien?

Gerade für Eltern mit jüngeren Kindern ist es schwer, mit unzähligen Töpfen und Pfannen zu jonglieren. Während das Baby hochgenommen und das Kleinkind bespaßt werden will oder der Teenie noch die Abendaktivitäten besprechen möchte, brennt schnell mal was an. Bei One-Pot-Gerichten ist automatisch alles gleichzeitig gar und man muss nicht auf einzelne Komponenten warten. Außerdem hat man hinterher viel weniger aufzuräumen.

Wie macht ihr es euch im Alltag leicht?

Wir lassen fünf gerade sein. Bei uns dürfen jederzeit gesunde Fertigprodukte wie Gnocchi, hochwertiger Pizzateig, Hülsenfrüchte aus dem Glas und TK-Mischungen eingesetzt werden. Außerdem versuchen wir häufig, einzelne Komponenten schon am Vorabend oder morgens beim Broteschmieren vorzubereiten, z. B. etwas aufzutauen, Gemüse zu waschen, Zutaten rauszusuchen oder Getreide einzuweichen.

Gibt es Tipps und Tricks, wie es allen schmeckt?

Je älter die Kinder, umso unterschiedlicher die Vorlieben. Am besten einigt man sich vorher, welches Gemüse und welches Getreide gerne gegessen wird und tauscht dann ggf. einige Zutaten aus. Auch bietet es sich an, erst am Ende zu würzen. So können vorab milde Portionen für Kleinkinder abgenommen werden. Je mehr die Kinder im Entscheidungs-, Einkaufs- und Zubereitungsprozess involviert werden, umso interessierter sind sie unserer Erfahrung nach, Neues auszuprobieren.

SPÄTZLE MIT BROKKOLI UND SCHINKEN-SAHNE-SAUCE

2 EL Öl in einer großen Pfanne erhitzen. 700 g Spätzle (Kühlregal) darin ca. 4 Min. anbraten.

Inzwischen 150 g Kochschinken in 1 cm große Stücke schneiden.

Schinken und 400 g aufgetauten TK-Brokkoli zugeben und 5 Min. unter Rühren mitbraten.

Alles mit 200 g Sahne ablöschen und bei starker Hitze 1 Min. reduzieren lassen.

Die Spätzle mit Salz, Pfeffer und Muskatnuss würzen und mit 100 g geriebenem Parmesan bestreut servieren.

ONE POT

Für 4 Personen • 45 Min. Zubereitung • Pro Portion ca. 410 kcal, 13 g E, 19 g F, 43 g KH

CHOWDER MIT BLUMENKOHL

FÜR WINTERTAGE

1 Blumenkohl (ca. 800 g)
4 Kartoffeln
1 Zwiebel
2 Knoblauchzehen
2 Gläser Mais (à 240 g Abtropfgewicht)
4 EL Öl
1 TL Rauchsalz (ersatzweise Salz)
1 l Gemüsebrühe
½ TL geräuchertes Paprikapulver
4 EL Kokosflocken
Salz
½ Bund Koriandergrün
Schwarzer Pfeffer

1 Den Blumenkohl waschen und in 2–3 cm große Röschen teilen. Die Kartoffeln schälen und 2 cm groß würfeln. Zwiebel und Knoblauch schälen und fein würfeln. Den Mais in ein Sieb abgießen, gut abspülen und abtropfen lassen.

2 2 EL Öl in einem großen Topf erhitzen und den Mais bei starker Hitze ca. 7 Min. unter Rühren anbraten. Den Mais herausnehmen und beiseitestellen.

3 Das restliche Öl in den Topf geben und Zwiebel und Knoblauch darin bei mittlerer Hitze ca. 4 Min. anbraten. Blumenkohl und Kartoffeln zugeben und alles vermischen. Mit Rauchsalz würzen und mit Gemüsebrühe aufgießen. Die Suppe einmal aufkochen, dann zugedeckt ca. 30 Min. köcheln lassen.

4 Die Hälfte vom Mais zur Suppe geben. Die restlichen Maiskörner in einer Schüssel mit geräuchertem Paprikapulver, Kokosflocken und etwas Salz vermischen.

5 Das Koriandergrün waschen, trocken schütteln und hacken. Dann unter das Maistopping mischen.

6 Die Suppe nach Belieben grob-stückig pürieren, mit Pfeffer abschmecken und mit dem Mais-Topping servieren.

GU CLOU

Dieses Gericht gelingt in einem gusseisernen Topf wie von alleine. Sobald der Eintopf einmal aufgekocht ist, kann er zugedeckt auf ausgeschalteter Herdplatte stehen – nach 30 bis 60 Minuten ist alles gar – der Eintopf selbst bleibt sogar meist über Stunden warm.

Für 4 Personen • 30 Min. Zubereitung • Pro Portion ca. 960 kcal, 45 g E, 49 g F, 81 g KH

TORTELLONI MIT GRÜNKOHL

HERBSTGENUSS

2 Zwiebeln
2 Knoblauchzehen
3 EL Öl
500 ml Gemüsebrühe
800 g passierte Tomaten
150 g Cashewkerne
350 g TK-Grünkohl (aufgetaut)
Salz, schwarzer Pfeffer
750 g Tortelloni (Kühlregal; z. B. 4-Käse-Füllung)
200 g Schafskäse (Feta)
1 Prise Chiliflocken

1 Zwiebeln und Knoblauch schälen und grob würfeln. Das Öl in einem großen Topf erhitzen und Zwiebeln und Knoblauch darin ca. 4 Min. bei mittlerer Hitze anschwitzen. Mit der Brühe ablöschen und passierte Tomaten, Cashewkerne und Grünkohl zugeben.

2 Alles aufkochen und bei kleinster Hitze ca. 5 Min. sanft köcheln lassen. Anschließend mit dem Pürierstab zu einer cremigen Sauce pürieren und kräftig mit Salz und Pfeffer abschmecken.

3 Die Tortelloni in die Sauce geben und bei mittlerer Hitze in ca. 6 Min. gar kochen lassen. Den Schafskäse würfeln und unterrühren. Die Tortelloni mit Chiliflocken abschmecken und servieren.

Für 4 Personen • 25 Min. Zubereitung • Pro Portion ca. 510 kcal, 15 g E, 21 g F, 66 g KH

KNÖPFLE MIT ZWIEBELN

DEFTIG

3 große Zwiebeln
2 Knoblauchzehen
2 EL Öl
1 EL Zucker
Salz
100 g getrocknete Soft-Tomaten
175 g Kirschtomaten
750 g schwäbische Eierknöpfle (Kühlregal)
250 g Sahne
1 TL getrockneter Rosmarin
1 TL getrockneter Thymian
Schwarzer Pfeffer

1 Die Zwiebeln schälen, halbieren und in Ringe schneiden. Den Knoblauch schälen und in dünne Scheiben schneiden.

2 Das Öl in einem großen Topf erhitzen und die Zwiebeln darin bei mittlerer Hitze ca. 5 Min. anschwitzen. Einen Schuss Wasser und den Knoblauch zugeben, den Topf abdecken und Zwiebeln und Knoblauch ca. 8 Min. garen. Zucker und 1 TL Salz darüberstreuen und die Zwiebeln unter Rühren leicht karamellisieren lassen.

3 Inzwischen die Soft-Tomaten in feine Streifen schneiden. Die Kirschtomaten waschen und halbieren.

4 Knöpfle, Soft-Tomaten, Sahne, 75 ml Wasser und die Gewürze in den Topf geben. Alles verrühren und ca. 5 Min. bei kleinster Hitze ziehen lassen. Die Kirschtomaten unterrühren, die Knöpfle mit Salz und Pfeffer abschmecken und servieren.

Für 4 Personen • 30 Min. Zubereitung • 1 Std. 25 Min. Garen • Pro Portion ca. 605 kcal, 19 g E, 30 g F, 63 g KH

WURZELGEMÜSEEINTOPF MIT KÄSEKLÖSSCHEN

SCHMECKT VORM KAMIN

2 rote Zwiebeln
1 Knolle Knoblauch
600 g Petersilienwurzeln (ersatzweise Knollensellerie)
400 g Möhren
2 EL Olivenöl
1 l Gemüsebrühe
2 EL Ajvar
Salz
90 g zimmerwarme Butter
60 g alter Gouda
200 g Mehl
Schwarzer Pfeffer
1 Dose weiße Bohnen (240 g Abtropfgewicht)

1 Zwiebeln schälen und in feine Streifen schneiden. Die Knoblauchzehen heraustrennen und schälen. Die Petersilienwurzeln und Möhren schälen. 100 g Petersilienwurzel grob reiben und beiseitestellen, das restliche Gemüse ca. 1 cm groß würfeln.

2 Den Backofen auf 180° vorheizen. Das Öl in einem ofenfesten Topf mit Deckel erhitzen und die Zwiebeln und den Knoblauch darin ca. 4 Min. anbraten. Das Gemüse zugeben und alles weitere 5 Min. bei mittlerer Hitze braten. Mit Gemüsebrühe ablöschen, mit Ajvar und 1 TL Salz würzen. Den Eintopf zudecken und im heißen Ofen ca. 1 Std. garen.

3 Inzwischen die Butter fein würfeln und den Käse grob reiben. Beides in einer Schüssel zügig mit Petersilienwurzelraspeln, Mehl, ¼ TL Salz und etwas Pfeffer mischen. Aus dem Teig ca. 18 walnussgroße Kugeln formen. Sollte der Teig zu trocken zum Formen sein, 1–3 EL Wasser untermischen.

4 Die Bohnen abgießen, abspülen und in den Eintopf rühren. Die Käseklößchen vorsichtig auf den Eintopf setzen, diesen zugedeckt weitere 25 Min. im Ofen garen.

5 Den Eintopf mit Salz und Pfeffer würzig abschmecken, dann auf tiefe Teller verteilen und servieren.

Für 4 Personen • 40 Min. Zubereitung • Pro Portion ca. 570 kcal, 18 g E, 24 g F, 66 g KH

CHILI SIN CARNE

NÄHRSTOFFREICH

1 Zwiebel
2 Knoblauchzehen
2 rote Paprika
4 Möhren
2 EL Öl
2 TL Taco- und Burritogewürz
150 g Bulgur (ersatzweise Quinoa oder Hirse)
2 Dosen stückige Tomaten (à 400 g)
1 Avocado
2 Dosen Texas-Bohnen-Mix (à 265 g Abtropfgewicht)
Salz, schwarzer Pfeffer
100 g Nachos

1 Zwiebel und Knoblauch schälen und fein würfeln. Die Paprika waschen, halbieren, weiße Trennwände und Kerne entfernen und die Hälften in 1 cm große Stücke schneiden. Die Möhren schälen, putzen und in dünne Scheiben schneiden.

2 Das Öl in einem großen Topf erhitzen und alle vorbereiteten Zutaten darin ca. 7 Min. anbraten, dabei ab und zu umrühren. Mit Taco- und Burritogewürz würzen. Bulgur zugeben, alles gut verrühren und mit den stückigen Tomaten ablöschen. Das Chili ca. 20 Min. im geschlossenen Topf bei mittlerer Hitze garen.

3 Inzwischen die Avocado halbieren, den Kern entfernen und das Fruchtfleisch 1 cm groß würfeln. Die Bohnen in ein Sieb abgießen und in den Topf geben. Das Chili mit Salz und Pfeffer abschmecken und noch ca. 3 Min. köcheln lassen. Dann auf Teller verteilen und mit Avocadowürfeln und Nachos servieren.

Für 4 Personen • 30 Min. Zubereitung • Pro Portion ca. 350 kcal, 5 g E, 18 g F, 38 g KH

VEGANE MARKKLÖSSCHENSUPPE

KLASSIKER MAL ANDERS

2 helle Brötchen vom Vortag
½ Bund Petersilie
60 g Margarine
60 g Semmelbrösel
2 TL Weinstein-Backpulver
2 EL Speisestärke
2 Prisen frisch geriebene Muskatnuss
Salz
3 EL Mehl
1,5 l Gemüsebrühe
2 EL Olivenöl

1 Die Brötchen in einer Schüssel mit Wasser übergießen und einweichen lassen. Inzwischen die Petersilie waschen, trocken schütteln und fein hacken. Etwas Petersilie für die Deko beiseitelegen.

2 In einer zweiten Schüssel Margarine, Semmelbrösel, Petersilie, Backpulver, Stärke, Muskat, ½ TL Salz und das Mehl leicht vermischen. Die Brötchen sehr gut ausdrücken, zur Semmelbröselmischung geben und alles zu einem festen, elastischen Teig verkneten.

3 Die Gemüsebrühe in einem großen, weiten Topf zum Sieden bringen. Die Hände leicht einölen und aus dem Teig ca. 25 kleine Klößchen rollen, dabei die Hände immer wieder einölen.

4 Die Klößchen in der siedenden Brühe so lange garen, bis sie an die Oberfläche steigen. Die Klößchen noch 3 Min. ziehen lassen, dann mit der Brühe und etwas Petersilie bestreut servieren.

Für 4 Personen • 20 Min. Zubereitung • 1 Std. Garen • Pro Portion ca. 365 kcal, 19 g E, 10 g F, 57 g KH

KÜRBIS-RINDFLEISCH-EINTOPF

HERBSTLICHES SCHMORGERICHT

700 g Kürbis (z. B. Hokkaido- oder Butternuss-Kürbis)
1 Bund Suppengrün (Möhren, Knollensellerie, Lauch, Petersilie)
2 EL Öl
600 g Rindergulasch
2 EL Sojasauce
Salz, schwarzer Pfeffer
500 ml Gemüsebrühe
500 g passierte Tomaten
1 Lorbeerblatt
2 TL getrockneter Thymian
1 EL Speisestärke

1 Den Kürbis schälen, halbieren und entkernen. Das Fruchtfleisch ca. 1,5 cm groß würfeln. Die Möhren und den Knollensellerie schälen, putzen und fein würfeln. Den Lauch waschen, putzen und in feine Ringe schneiden. Die Petersilie abbrausen, trocken schütteln und fein hacken.

2 1 EL Öl in einem großen Topf erhitzen und das vorbereitete Gemüse darin ca. 5 Min. bei mittlerer bis hoher Hitze unter gelegentlichem Rühren anbraten. Anschließend das Gemüse aus dem Topf nehmen und beiseitestellen.

3 Das restliche Öl im Topf erhitzen und das Rindfleisch darin bei hoher Hitze rundherum ca. 5 Min. scharf anbraten. Mit Sojasauce ablöschen und kräftig mit Salz und Pfeffer würzen. Mit Gemüsebrühe und passierten Tomaten ablöschen. Die Gewürze untermischen und alles ca. 30 Min. zugedeckt bei geringer Hitze sanft köcheln lassen.

4 Dann das Gemüse wieder zugeben und den Eintopf weitere 30 Min. köcheln lassen. Die Speisestärke mit 2 EL kaltem Wasser glatt rühren, in den Topf geben und unterrühren. Den Eintopf einmal aufkochen, mit Salz und Pfeffer abschmecken, auf tiefe Teller verteilen und servieren.

Für 4 Personen • 30 Min. Zubereitung • Pro Portion ca. 715 kcal, 24 g E, 46 g F, 41 g KH

QUINOA-BOHNEN-TOPF

AUCH LECKER ALS WRAPFÜLLUNG

150 g Quinoa tricolore
2 EL Öl
250 g rohe vegane Hackalternative (Kühlregal)
¼ TL geräuchertes Paprikapulver
600 ml kräftig-salzige Gemüsebrühe
2 Dosen Bohnen-Mix (à 240 g Abtropfgewicht)
½ Bund Koriandergrün
2 Avocados
1 Limette
150 g Crème fraîche
Salz, schwarzer Pfeffer

MEAL-PREP-TIPP
Dieses Gericht lässt sich sehr gut vorbereiten und auch kalt als Salat genießen: einfach alles am Vorabend durchmischen und über Nacht im Kühlschrank ziehen lassen. Vor dem Servieren noch einmal mit Salz, Pfeffer und Limettensaft abschmecken und mit gehacktem Koriandergrün garnieren.

1 Die Quinoa in einem Sieb abspülen und abtropfen lassen. Das Öl in einem großen Topf erhitzen. Die Hackalternative darin ca. 4 Min. anbraten und mit Paprikapulver würzen. Anschließend herausnehmen und beiseitestellen.

2 Die Quinoa in den Topf geben und die Gemüsebrühe zugießen. Alles aufkochen und zugedeckt 18–20 Min. bei kleinster Hitze sanft köcheln lassen, bis die gesamte Flüssigkeit verdampft und die Quinoa gar ist.

3 Inzwischen den Bohnen-Mix in einem Sieb abspülen und abtropfen lassen. Das Koriandergrün abbrausen und trocken schütteln. Die Blättchen abzupfen und fein hacken. Die Avocados halbieren, entkernen, das Fruchtfleisch aus den Schalen lösen und in einen hohen Mixbehälter geben. Die Limette halbieren und den Saft auspressen.

4 Die Avocados mit Crème fraîche und der Hälfte vom Limettensaft pürieren. Mit Salz und Pfeffer würzig abschmecken.

5 Bohnen und Hackalternative unter die fertige Quinoa mischen. Alles mit dem restlichen Limettensaft und Salz abschmecken. Den Quinoa-Bohnen-Topf auf Teller verteilen und mit Avocadocreme und Koriander getoppt servieren.

Für 4 Personen • 30 Min. Zubereitung • Pro Portion ca. 680 kcal, 40 g E, 26 g F, 73 g KH

GNOCCHETTI MIT HACK

GELINGT IMMER

100 g Parmesan
1 Stange Lauch
150 g Zucchini
150 g Möhren
2 EL Öl
400 g Rinderhackfleisch
Salz, schwarzer Pfeffer
1 ½ TL edelsüßes Paprikapulver
700 g Gnocchetti (Kühlregal; z. B. aus Süßkartoffeln)
500 g passierte Tomaten

1 Den Parmesan reiben und beiseitestellen. Den Lauch waschen, putzen und in dünne Ringe schneiden. Die Zucchini waschen, putzen und in kleine Würfel schneiden. Die Möhren schälen, putzen und ebenfalls in kleine Würfel schneiden.

2 Das Öl in einem großen Topf erhitzen. Hack darin ca. 5 Min. bei hoher Hitze unter Rühren anbraten. Mit Salz, Pfeffer und Paprikapulver würzen. Lauch und Möhren zugeben und 2 Min. mitbraten.

3 Dann Gnocchetti, Zucchini, Tomaten und 75 g Parmesan zufügen. Alles gut verrühren, einmal aufkochen und bei kleinster Hitze ca. 5 Min. ziehen lassen. Die Gnocchetti mit Salz und Pfeffer abschmecken und mit Parmesan bestreut servieren.

Für 4 Personen • 30 Min. Zubereitung • Pro Portion ca. 350 kcal, 13 g E, 14 g F, 42 g KH

MEDITERRANES HIRSOTTO

BRINGT SOMMER AUF DEN TELLER

1 Zwiebel
3 Knoblauchzehen
2 Zucchini
1 Aubergine
3 EL Olivenöl
1 TL Kräuter der Provence
Salz
200 g Hirse
500 ml Gemüsebrühe
250 g Kirschtomaten
100 g Schafskäse (Feta)

1 Zwiebel und Knoblauch schälen. Die Zwiebel fein würfeln, den Knoblauch in dünne Scheiben schneiden. Die Zucchini und die Aubergine waschen, putzen und 1 cm groß würfeln.

2 Das Öl in einem großen Topf erhitzen und alle vorbereiteten Zutaten darin 3–4 Min. scharf anbraten, dann die Temperatur reduzieren und das Gemüse mit Kräutern der Provence und 1 TL Salz würzen. Hirse und Gemüsebrühe zugeben und das Hirsotto zugedeckt ca. 20 Min. bei kleiner Hitze garen, dabei ab und zu umrühren.

3 Inzwischen die Tomaten waschen, halbieren und 5 Min. vor Ende der Garzeit unterrühren. Den Schafskäse fein würfeln. Das Hirsotto auf Teller verteilen und mit Feta bestreut servieren.

Für 4 Personen • 40 Min. Zubereitung • Pro Portion ca. 345 kcal, 18 g E, 9 g F, 48 g KH

BROKKOLI-CURRY

VEGAN

1 Zwiebel
600 g Brokkoli
500 g Kartoffeln
4 Möhren
100 g rote Linsen
2 EL Öl
2 TL Garam Masala
1 Dose Pizzatomaten (400 g)
1 rote Paprika
2 EL Cashewmus
Salz

TAUSCH-TIPP
Variieren Sie dieses Curry ganz nach dem Familiengeschmack. Es eignen sich auch Gemüse wie Blumenkohl, Kürbis und Süßkartoffeln. Wer eine Extraportion Proteine ergänzen möchte, gibt in den letzten 10 Min. Garzeit 200 g gewürfelten Naturtofu dazu.

1 Die Zwiebel schälen und würfeln. Den Brokkoli waschen, putzen und in 2 cm große Röschen schneiden. Die Kartoffeln und Möhren schälen und ca. 1 cm groß würfeln. Die Linsen in einem Sieb abspülen und abtropfen lassen.

2 Das Öl in einem großen Topf erhitzen und die Zwiebel darin ca. 4 Min. bei hoher Temperatur anbraten. Garam Masala zugeben und 1 Min. mit anrösten. Brokkoli, Kartoffeln, Möhren und Linsen zufügen und alles kurz verrühren. 1,2 l Wasser und die Tomaten zugießen. Das Curry einmal umrühren, zugedeckt aufkochen und ca. 15 Min. bei kleiner Hitze sanft köcheln lassen.

3 Inzwischen die Paprika waschen, putzen und in Streifen schneiden. Nach 15 Min. Garzeit in den Topf geben. Das Curry weitere 8–10 Min. offen köcheln lassen, bis das Gemüse gar ist. Das Cashewmus unterrühren und alles mit Salz abschmecken. Das Curry auf Teller verteilen und servieren. Dazu passt Naan.

Für 4 Personen • 25 Min. Zubereitung • Pro Portion ca. 920 kcal, 29 g E, 64 g F, 57 g KH

GLASNUDELN MIT TOFU

ASIATISCH

400 g geräucherter Tofu (z. B. Mandel-Sesam)
2 EL Öl
1 Stange Lauch
500 g Shiitake (Pilze; ersatzweise Champignons)
250 g Zuckerschoten
2 TL Currypaste
2 Dosen Kokosmilch (à 400 g)
150 g Glasnudeln
2 EL stückiges Erdnussmus
1 EL Sojasauce
Salz

1 Den Tofu ca. 1,5 cm groß würfeln. Dann in einem großen Topf im Öl ca. 5 Min. bei mittlerer bis hoher Hitze rundum anbraten.

2 Inzwischen den Lauch waschen, putzen und schräg in ca. 2 cm breite Scheiben schneiden. Die Shiitake-Pilze mit einem feuchten Tuch gründlich säubern und in Scheiben schneiden. Die Zuckerschoten waschen und putzen. Das vorbereitete Gemüse in den Topf geben und bei mittlerer Hitze ca. 4 Min. anbraten.

3 Die Currypaste zugeben und kurz mitbraten. Alles mit Kokosmilch ablöschen und einmal aufkochen. Die Glasnudeln in den Topf geben und zugedeckt ca. 5 Min. bei kleiner Hitze sanft köcheln lassen. Dabei sollten sie komplett mit Kokosmilch bedeckt sein.

4 Erdnussmus unterrühren und die Glasnudeln mit Sojasauce und Salz abschmecken. Alles auf Teller verteilen und servieren.

Für 4 Personen • 45 Min. Zubereitung • Pro Portion ca. 385 kcal, 7 g E, 6 g F, 75 g KH

MILCHREIS MIT ZIMT-BIRNEN

WÄRMENDES SOULFOOD

1 l Mandeldrink
250 g Milchreis
4 reife Birnen
1 TL Zimtpulver
4 TL Rohrohrzucker

1 Den Mandeldrink und den Reis in einen großen Topf geben und erhitzen. Dabei regelmäßig umrühren. Kurz bevor die Masse aufkocht, die Hitze auf kleinste Stufe reduzieren und den Topf zudecken. Den Milchreis ca. 45 Min. garen, dabei öfter umrühren.

2 Inzwischen die Birnen waschen, vierteln und von den Kerngehäusen befreien. Dann in schmale Spalten schneiden. Die Birnen in einer Schüssel mit Zimt und Zucker mischen und 10 Min. stehen lassen. Nach ca. 30 Min. Kochzeit die Birnenspalten auf dem Reis verteilen und den Topf schließen. Nicht mehr umrühren.

3 Den fertig gegarten Milchreis mit den warmen Zimt-Birnen auf kleine tiefe Teller oder Schalen verteilen und servieren.

ONE PAN

Für 4 Personen • 40 Min. Zubereitung • Pro Portion ca. 815 kcal, 40 g E, 42 g F, 71 g KH

LAUWARMER HALLOUMI-BROT-SALAT

SOMMER-REZEPT

2 rote Paprika
2 Knollen Fenchel
500 g Halloumi
500 g Weißbrot
3 EL Olivenöl
1 Bund Dill
3 EL Crema di Balsamico
Schwarzer Pfeffer

1 Die Paprika waschen, halbieren, weiße Trennwände und Kerne entfernen und die Hälften in 2 cm große Stücke schneiden. Den Fenchel waschen, halbieren, vom Strunk befreien und in 5 mm dünne Scheiben schneiden. Den Halloumi 1 cm groß würfeln. Das Brot 2 cm groß würfeln.

2 2 EL Olivenöl in einer großen Pfanne stark erhitzen. Den Halloumi und das Brot zugeben und schnell goldbraun anbraten; dabei nicht zu oft wenden. Anschließend beides aus der Pfanne nehmen und beiseitestellen.

3 Das restliche Öl in die Pfanne geben. Paprika und Fenchel zufügen und darin bei mittlerer bis hoher Hitze unter gelegentlichem Rühren ca. 25 Min. braten.

4 Inzwischen den Dill abbrausen und trocken schütteln. Die Spitzen abzupfen und fein hacken.

5 Die Pfanne vom Herd nehmen. Brot und Halloumi wieder zugeben, mit dem Gemüse vermengen und alles mit Crema di Balsamico, Pfeffer und Dill würzen. Den Halloumi-Brot-Salat auf Teller verteilen und lauwarm servieren.

Für 4 Personen • 30 Min. Zubereitung • Pro Portion ca. 500 kcal, 12 g E, 13 g F, 80 g KH

SCHUPFNUDELN MIT PILZEN

SCHNELLES MITTAGESSEN

1 große Zwiebel
2 Knoblauchzehen
500 g braune Champignons
2 EL Mehl
2 EL Öl
800 g Schupfnudeln (Kühlregal)
2 TL edelsüßes Paprikapulver
400 ml Haferdrink
200 g Hafercreme
2 EL Sojasauce
Salz, schwarzer Pfeffer

1 Die Zwiebel und den Knoblauch schälen und fein würfeln. Die Champignons putzen und in dünne Scheiben schneiden. Das Mehl mit 50 ml kaltem Wasser glatt rühren.

2 Das Öl in einer großen, hohen Pfanne erhitzen und Schupfnudeln und Zwiebel darin bei mittlerer bis starker Hitze ca. 5 Min. anbraten. Knoblauch und Champignons zugeben und alles weitere 6 Min. bei mittlerer bis hoher Hitze anbraten, dabei gelegentlich umrühren.

3 Paprikapulver untermischen und kurz anrösten. Haferdrink und Mehlmischung zugeben, einmal aufkochen und in 2–3 Min. leicht andicken lassen. Die Hafercreme unterrühren und alles ca. 5 Min. ziehen lassen. Die Schupfnudeln mit Sojasauce, Salz und Pfeffer würzig abschmecken, auf Teller verteilen und servieren.

Für 4 Personen • 40 Min. Zubereitung • Pro Portion ca. 915 kcal, 47 g E, 43 g F, 85 g KH

PENNE MIT LACHS UND SPINAT

BELIEBTE KOMBINATION

500 g Baby-Blattspinat (ersatzweise TK-Blattspinat)
1 Zwiebel
2 Knoblauchzehen
600 g Lachsfilet (ersatzweise TK-Lachsfilet)
2 EL Öl
1 EL Zitronensaft
400 g Sahne
400 g Penne
1 Prise frisch geriebene Muskatnuss
½ TL rosenscharfes Paprikapulver
Salz, schwarzer Pfeffer

1 Den Spinat verlesen, waschen und in einem Sieb gut abtropfen lassen. Die Zwiebel und den Knoblauch schälen und fein würfeln. Das Lachsfilet in ca. 2,5 cm große Würfel schneiden.

2 Das Öl in einer großen, hohen Pfanne erhitzen und die Zwiebel darin bei hoher Temperatur ca. 3 Min. anbraten. Den Fisch zugeben und ca. 6 Min. bei mittlerer bis hoher Hitze rundherum knusprig anbraten. Knoblauch und Zitronensaft zufügen. Dann die Sahne und 200 ml Wasser zugießen und einmal aufkochen.

3 Die Penne unterrühren und zugedeckt bei kleiner bis mittlerer Hitze 18–20 Min. sanft köcheln lassen, bis die Nudeln al dente sind. Nach ca. 15 Min. den Spinat zugeben und zusammenfallen lassen. Dabei gelegentlich umrühren. Die Nudeln kräftig mit Muskat, Paprikapulver, Salz und Pfeffer würzen und servieren.

Für 4 Personen • 20 Min. Zubereitung • 30 Min. Garen • Pro Portion ca. 475 kcal, 21 g E, 25 g F, 42 g KH

SÜSSKARTOFFELTORTILLA MIT ZIEGENKÄSE

GUT VORZUBEREITEN

2 Süßkartoffeln
2 EL Öl
150 g Mangold (ersatzweise Baby-Blattspinat)
6 Eier (M)
100 ml Milch
Salz
1 TL Currypulver
100 g Ziegenkäserolle
2 EL Sesam

GUT ZU WISSEN
Wer keinen passenden Deckel für seine große Pfanne hat, kann auch einfach ein umgedrehtes Backblech als Abdeckung verwenden.

1 Die Süßkartoffeln schälen und in 1 cm große Würfel schneiden. Das Öl in einer großen Pfanne erhitzen und die Süßkartoffeln darin ca. 7 Min. bei mittlerer Hitze anbraten.

2 Inzwischen den Mangold waschen, putzen und in 1 cm große Stücke schneiden. Die Mangoldstücke zu den Süßkartoffeln in die Pfanne geben und 5 Min. mitbraten.

3 Die Eier aufschlagen und mit der Milch und 1 TL Salz gut verquirlen. Die Süßkartoffel-Mangold-Mischung mit Currypulver würzen. Die Eiermasse gleichmäßig darauf verteilen.

4 Die Ziegenkäserolle in dünne Scheiben schneiden und obenauf legen. Die Pfanne zudecken und die Tortilla ca. 30 Min. bei kleiner Hitze garen. Mit Sesam bestreut servieren.

Für 4 Personen • 30 Min. Zubereitung • Pro Portion ca. 305 kcal, 19 g E, 17 g F, 19 g KH

FRIED RICE MIT PAK CHOI

ASIATISCH

250 g Pak Choi
1 Stück Ingwer (2 cm lang)
200 g Kurkuma-Tofu (ersatzweise Räuchertofu)
2 EL Kokosöl
250 g Zuckerschoten
4 Eier (M)
150 g Express-Reis (aus dem Beutel; ersatzweise gegarte Reisnudeln)
4 EL Sojasauce
4 EL Limettensaft
Salz
½ TL Chiliflocken

1 Den Pak Choi waschen, putzen und die Blätter in 5 mm breite Streifen schneiden. Die Stiele hacken. Ingwer schälen und sehr fein würfeln. Den Tofu 1 cm groß würfeln.

2 In einer großen Pfanne das Öl erhitzen. Pak-Choi-Stiele, Tofu und Ingwer darin ca. 5 Min. bei mittlerer Hitze anbraten. Inzwischen die Zuckerschoten waschen und ggf. halbieren. Dann mit den Pak-Choi-Blättern in die Pfanne geben und alles weitere 3 Min. braten.

3 Die Eier aufschlagen und mit einer Gabel verquirlen. Den Reis in die Pfanne geben und 4 Min. mitbraten. Alles mit Sojasauce ablöschen und mit der Eiermasse übergießen. Diese unter Rühren stocken lassen. Den Fried Rice mit Limettensaft, Salz und Chili abschmecken, auf tiefe Teller oder Schalen verteilen und servieren.

Für 4 Personen • 30 Min. Zubereitung • Pro Portion ca. 740 kcal, 30 g E, 39 g F, 66 g KH

MAULTASCHEN MIT KÄSE

WIE IN DEN BERGEN

350 g Zwiebeln
3 EL Öl
1 TL Rohrohrzucker
900 g Maultaschen (Kühlregal)
150 g Bergkäse

1 Die Zwiebeln schälen, halbieren und in feine Ringe schneiden. 2 EL Öl in einer großen Pfanne erhitzen. Die Zwiebeln zugeben und ca. 10 Min. bei mittlerer Hitze unter gelegentlichem Umrühren anbraten, bis sie ganz weich sind. Den Zucker zufügen und die Zwiebeln weitere 4 Min. braten. Anschließend aus der Pfanne nehmen.

2 Die Maultaschen jeweils in drei Stücke schneiden. Das restliche Öl in der Pfanne erhitzen und die Maultaschen darin rundherum ca. 7 Min. anbraten. Inzwischen den Käse fein reiben.

3 Den geriebenen Käse auf den Maultaschen verteilen und zugedeckt in 2–3 Min. schmelzen lassen. Die Maultaschen mit den karamellisierten Zwiebeln servieren.

ENCHILADA-PFANNE MIT SOUR CREAM

MEXIKANISCH

6 Maistortillas (ersatzweise Weizentortillas)
1 Zwiebel
2 EL Öl
300 g gemischtes Hackfleisch
70 g schwarze Oliven (entsteint)
1 Glas Kidneybohnen (240 g Abtropfgewicht)
1 Glas Tomatensauce Arrabbiata (400 ml)
100 g geriebener Cheddar
200 g Sour Cream

TAUSCH-TIPP
Die Enchilada-Pfanne lässt sich auch super mit veganer Hack-Alternative aus dem Kühlregal zubereiten.

1 Die Tortillas in 4 cm große Stücke, z. B. in Dreiecke, schneiden und in einer großen Pfanne ohne Fett in 3–5 Min. knusprig anrösten. Aus der Pfanne nehmen und beiseitestellen.

2 Inzwischen die Zwiebel schälen und fein würfeln. Das Öl in derselben Pfanne erhitzen. Zwiebel und Hackfleisch zugeben und bei hoher Temperatur 6–7 Min. scharf anbraten.

3 Inzwischen die Oliven in feine Ringe schneiden. Die Bohnen in ein Sieb abgießen, abspülen und gut abtropfen lassen.

4 Die Tomatensauce zum Hackfleisch in die Pfanne geben und 2 Min. erhitzen. Kidneybohnen und Oliven zufügen und unterrühren. Die Tortillastücke obenauf verteilen und mit dem Käse bestreuen. Die Pfanne zudecken und den Käse bei mittlerer Hitze in ca. 5 Min. schmelzen lassen.

5 Die Enchilada-Pfanne auf tiefe Teller verteilen und mit einem Klecks Sour Cream servieren.

Für 8 Stücke • 15 Min. Zubereitung • 25 Min. Garen • 10 Min. Abkühlen • Pro Portion ca. 370 kcal, 6 g E, 23 g F, 36 g KH

MANDEL-COOKIE

NUSSIGER NACHTISCH

50 g Mandelblättchen
150 g Butter
100 g Rohrohrzucker
1 Pck. Vanillezucker
1 Ei (M)
225 g Mehl
½ Pck. Backpulver
50 g Zartbitter-Schokodrops

1 Die Mandeln in einer kleinen Pfanne (ca. 22 cm ∅) mit hohem Rand anrösten, bis sie leicht duften. Herausnehmen und beiseitestellen. Butter, Zucker und Vanillezucker in der Pfanne bei kleiner Hitze unter Rühren schmelzen lassen. Die Pfanne vom Herd nehmen.

2 Das Ei zugeben und mit einem Holzlöffel unterrühren. Mehl und Backpulver zufügen und alles in der Pfanne zu einem zähen Teig verrühren. Die Mandeln unterheben. Den Teig gleichmäßig verteilen und die Schokodrops darüberstreuen.

3 Den Mandel-Cookie 22–25 Min. bei kleiner bis mittlerer Hitze zugedeckt garen. Anschließend vom Herd nehmen und offen ca. 10 Min. abkühlen und fester werden lassen. Den Rand vorsichtig mit einem spitzen Messer lösen, den Cookie auf einen großen Teller stürzen, in Stücke teilen und noch warm genießen.

Für 4 Personen • 25 Min. Zubereitung • Pro Portion ca. 655 kcal, 8 g E, 35 g F, 74 g KH

KOKOS-KAISERSCHMARRN

VEGANER GENUSS

375 g Kokosdrink (Tetrapak; ersatzweise Pflanzendrink)
1 EL Apfelessig
50 ml neutrales Öl
200 g Dinkelmehl (Type 630)
100 g Kokosraspel
1 EL Backpulver
30 g Kokosblütenzucker (ersatzweise Rohrohrzucker)
300 ml Mangosorbet

AUSSERDEM

1 EL Öl zum Braten
2 EL Kokosraspel
2 EL Kokosblütenzucker

1 Kokosdrink, Apfelessig und Öl in eine Schüssel geben und verrühren. Mehl, Kokosraspel, Backpulver und Zucker in einer zweiten Schüssel vermischen. Die flüssigen Zutaten zugeben und alles zügig zu einem homogenen Teig verrühren.

2 1 EL Öl in einer großen Pfanne erhitzen. Den Teig hineingießen und 10–12 Min. bei kleiner bis mittlerer Hitze garen. Den Teigfladen wenden und weitere 3–4 Min. garen. Anschließend mit dem Pfannenwender achteln und die Teigstücke grob zerkleinern.

3 Kokosraspel und Zucker mischen. Den Kaiserschmarrn damit bestreuen und noch 2 Min. in der Pfanne ziehen lassen. Anschließend mit dem Mangosorbet auf Teller verteilen und servieren.

ONE SHEET

Für 4 Personen • 25 Min. Zubereitung • 55 Min. Backen • Pro Portion ca. 530 kcal, 38 g E, 25 g F, 37 g KH

KARTOFFEL-KOHLRABI-AUFLAUF MIT SCHWEINEFILET

BELIEBTER KLASSIKER

190 g Kräuter-Schmelzkäse
250 g Sahne
2 Prisen frisch geriebene Muskatnuss
1 TL rosenscharfes Paprikapulver
Salz, schwarzer Pfeffer
700 g Kartoffeln
300 g Kohlrabi
1 große Zwiebel
500 g Schweinefilet (ersatzweise Hähnchenbrustfilet)

AUSSERDEM

1 mittelgroße Auflaufform (ca. 25 × 30 cm)

MEAL-PREP-TIPP:
Wenn es mittags schnell gehen soll: Bereiten Sie den Auflauf am Vorabend zu und garen Sie ihn bereits 40 Min. vor. Am nächsten Tag den Auflauf in 10–15 Min. fertig garen.

1 Den Backofen auf 180° vorheizen.

2 Schmelzkäse, Sahne und 50 ml Wasser in die Auflaufform geben und gründlich verrühren. Mit Muskat, Paprikapulver, 1 TL Salz und etwas Pfeffer kräftig würzen.

3 Die Kartoffeln und den Kohlrabi schälen, putzen und in ca. 1,5 cm große Würfel schneiden. Die Zwiebel schälen und fein würfeln. Das Schweinefilet in ca. 2 cm große Würfel schneiden. Alle vorbereiteten Zutaten in der Auflaufform vermengen.

4 Den Auflauf im heißen Ofen (Mitte) 50–55 Min. garen, bis die Kartoffeln weich sind. Herausnehmen und vor dem Servieren mindestens 5 Min. abkühlen lassen.

Für 4 Personen • 30 Min. Zubereitung • 50 Min. Backen • Pro Portion ca. 925 kcal, 71 g E, 54 g F, 37 g KH

OFENHÄHNCHEN MIT WIRSING-HASELNUSS-FÜLLUNG

HERBST-REZEPT

10 Zweige Thymian
1 Stange Lauch
700 g Kartoffeln
3 Möhren
Salz
7 EL Olivenöl
1 ganzes küchenfertiges Hähnchen (ca. 1,7 kg)
400 g Wirsing
90 g Haselnusskerne
1 Apfel
Schwarzer Pfeffer
1 EL Gemüsebrühepulver

1 Thymian abbrausen und trocken schütteln. Lauch putzen, waschen und in 3 cm lange Stücke schneiden. Die Kartoffeln gründlich waschen und je nach Größe vierteln oder sechsteln. Möhren schälen, putzen, längs halbieren und in 4 cm lange Stücke schneiden. Das Gemüse in der Fettpfanne verteilen und mit etwas Salz, Thymian und 2 EL Öl mischen.

2 Den Backofen auf 250° vorheizen. Das Hähnchen waschen und trocken tupfen. Den Wirsing waschen, putzen und fein schneiden. Die Nüsse grob hacken. Den Apfel waschen, vierteln, vom Kerngehäuse befreien und in feine Würfel schneiden.

3 Wirsing, Nüsse und Apfel mit ½ TL Salz und etwas Pfeffer mischen und in das Hähnchen füllen. Die Öffnung mit einem Zahnstocher verschließen. Das Hähnchen mit 3 EL Öl einpinseln und mit der Brustseite nach unten auf das Gemüse legen. Im heißen Ofen (unten) ca. 20 Min. backen.

4 Das Gemüsebrühepulver mit 400 ml heißem Wasser verrühren. Die Fettpfanne aus dem Ofen nehmen, das Hähnchen wenden und mit dem restlichen Öl einpinseln. Brühe angießen und das Hähnchen in weiteren ca. 30 Min. goldbraun backen.

5 Die Bratflüssigkeit nach Belieben durch ein Sieb in einen hohen Mixbecher abseihen und mit 8 Kartoffelspalten, etwas Möhre und Lauch pürieren. Die Sauce mit Pfeffer abschmecken. Das Hähnchen mit einer Geflügelschere teilen und mit Füllung, Gemüse und Sauce servieren.

Für 4 Personen • 50 Min. Zubereitung • Pro Portion ca. 330 kcal, 20 g E, 18 g F, 21 g KH

BLUMENKOHLSCHNITZEL MIT KNUSPERHAUBE

ÜBERRASCHEND WÜRZIG

1,5 kg Blumenkohl
200 g Ofenkäse (z. B. Rougette; ersatzweise würziger Weichkäse)
1 Bund Petersilie
1 milde rote Chilischote
60 g Kapern
7 EL Panko (ersatzweise Semmelbrösel)
Salz
1 Bio-Zitrone

1 Den Backofen auf 190° (Umluft) vorheizen. Den Blumenkohl putzen, waschen und in 1 cm dicke Scheiben schneiden. Die Scheiben auf zwei mit Backpapier ausgelegten Blechen verteilen und im heißen Ofen 20 Min. backen.

2 Inzwischen den Käse 5 mm groß würfeln. Die Petersilie abbrausen, trocken schütteln und fein hacken. Die Chili waschen, halbieren, weiße Trennwände und Kerne entfernen und das Fruchtfleisch fein hacken. Die Kapern grob hacken.

3 Petersilie, Chili, Kapern und Panko in einer Schüssel mit 1 TL Salz mischen. Die Zitrone heiß waschen und trocknen. Die Schale abreiben und 3 EL Saft auspressen. Beides unter die Panko-Mischung rühren. Diese mit dem Käse nach 20 Min. Backzeit großzügig auf dem Blumenkohl verteilen.

4 Die Blumenkohlschnitzel weitere 10 Min. backen. Auf Teller verteilen und servieren. Dazu passt Brot.

Für 4 Personen • 15 Min. Zubereitung • 20 Min. Backen • Pro Portion ca. 870 kcal, 51 g E, 45 g F, 64 g KH

SPÄTZLE MIT HACKBÄLLCHEN

KINDERLIEBLING

800 g Eierspätzle (Kühlregal)
450 g TK-Kaisergemüse
400 g Rinderhackfleisch
1 TL rosenscharfes Paprikapulver
Salz, schwarzer Pfeffer
400 g Sahne
1 Prise frisch geriebene Muskatnuss
150 g Gratinkäse

AUSSERDEM

1 große Auflaufform (ca. 30 × 30 cm)

1 Den Backofen auf 200° vorheizen. Die Spätzle und das Gemüse gleichmäßig in der Auflaufform verteilen.

2 Das Hackfleisch in einer Schüssel mit Paprikapulver, ½ TL Salz und etwas Pfeffer gut vermischen. Mit den Händen zu ca. 20 kleinen Bällchen formen und in der Auflaufform verteilen. Alles mit Sahne übergießen, mit Muskatnuss, Salz und etwas Pfeffer bestreuen und den Gratinkäse gleichmäßig darüberstreuen.

3 Die Form in den heißen Ofen (Mitte) schieben und Spätzle, Gemüse und Hackbällchen ca. 20 Min. garen. Anschließend kurz abkühlen lassen, auf Teller verteilen und servieren.

Für 4 Personen • 25 Min. Zubereitung • 20 Min. Backen • Pro Portion ca. 720 kcal, 26 g E, 26 g F, 99 g KH

GNOCCHI MIT OFENGEMÜSE

BUNTER HINGUCKER

400 g Hokkaido-Kürbis
350 g Rote Bete
250 g Champignons
300 g Möhren
750 g Gnocchi (Kühlregal)
4 EL Öl
2 TL Currypulver
1 TL getrockneter Rosmarin
225 g Halloumi

1 Den Backofen auf 200° (Umluft) vorheizen. Zwei Backbleche mit Backpapier auslegen.

2 Den Kürbis waschen, putzen, halbieren und entkernen. Das Kürbisfruchtfleisch ca. 1,5 cm groß würfeln. Die Rote Beten schälen und 2–3 cm groß würfeln. Die Pilze putzen und je nach Größe halbieren oder vierteln. Die Möhren schälen, putzen und in ca. 1,5 cm breite Scheiben schneiden. Gemüse und Gnocchi auf den Blechen verteilen. Öl und Gewürze zugeben und alles gut durchmischen.

3 Den Halloumi 1 cm groß würfeln und auf Gnocchi und Gemüse verteilen. Die Bleche in den heißen Ofen geben und alles ca. 20 Min backen, bis das Gemüse gar ist. Anschließend kurz abkühlen lassen, dann auf Teller verteilen und servieren.

Für 4 Personen • 20 Min. Zubereitung • 30 Min. Backen • Pro Portion ca. 555 kcal, 29 g E, 28 g F, 45 g KH

CAMEMBERT MIT BOHNEN

WÜRZIG & FRUCHTIG

100 g Mehl
Salz
½ TL edelsüßes Paprikapulver
½ TL geräuchertes Paprikapulver
6 EL Semmelbrösel
4 rote Zwiebeln
450 g TK-Bohnen
4 Birnen
2 EL Olivenöl
4 Camemberts (à 100 g)
Preiselbeermarmelade zum Servieren (nach Belieben)

GUT ZU WISSEN
Wenn Sie keinen Camembert à 100 g finden, können Sie 200 g Camembert quer in der Mitte halbieren. Diesen dann mit der Schnittfläche nach oben aufs Blech legen.

1 In einer Schüssel Mehl mit 1 TL Salz und Paprikapulver mischen. Dann mit 60 ml Wasser glatt rühren. Die Semmelbrösel auf einem flachen Teller verteilen.

2 Den Backofen auf 180° vorheizen. Die Zwiebeln schälen und in 5 mm dicke Streifen schneiden. Zwiebeln und Bohnen auf ein großes Backblech geben. Die Birnen waschen, halbieren, entkernen und in 5 mm dicke Spalten schneiden. Auf dem Blech verteilen und alles mit Olivenöl und 1 TL Salz würzen.

3 Die Camemberts zunächst in der Mehlmischung, dann rundherum in den Semmelbröseln wenden und auf die Zwiebel-Bohnen-Birnen-Mischung setzen.

4 Das Backblech in den heißen Ofen (Mitte) schieben und die Camemberts ca. 30 Min. backen. Anschließend den Käse mit den Bohnen, Zwiebeln und Birnen auf Teller verteilen und nach Belieben mit etwas Preiselbeermarmelade getoppt servieren. Dazu passt frisches Baguette.

Für 4 Personen • 10 Min. Zubereitung • 25 Min. Backen • Pro Portion ca. 945 kcal, 31 g E, 27 g F, 141 g KH

KARTOFFELPIZZA MIT GEMÜSE

AUS DEM VORRAT

2 Pck. Kartoffelknödelteig (ca. 800 g)
500 g TK-Kaisergemüse
200 g Sahne
1 TL Currypulver
Salz
2 EL TK-Petersilie
250 g Raclettekäse in Scheiben (ersatzweise Bergkäse)

1 Den Backofen auf 180° vorheizen. Ein Backblech mit Backpapier auslegen und den Knödelteig gleichmäßig ca. 1 cm hoch darauf verstreichen. Das Kaisergemüse darauf verteilen.

2 Die Sahne mit Currypulver, ½ TL Salz und Petersilie mischen und gleichmäßig über das Gemüse gießen. Die Ränder vom Raclettekäse abschneiden und die Scheiben obenauf verteilen.

3 Das Backblech in den heißen Ofen (Mitte) schieben und alles ca. 25 Min. backen. Nach Belieben in den letzten Minuten die Grillfunktion zuschalten. Anschließend die Kartoffelpizza kurz abkühlen lassen, auf Teller verteilen und servieren.

Für 4 Personen • 15 Min. Zubereitung • 25 Min. Backen • Pro Portion ca. 705 kcal, 36 g E, 38 g F, 53 g KH

PFANNKUCHEN MIT WÜRSTCHEN

SCHNELLES MITTAGESSEN

½ Bund Frühlingszwiebeln
4 Eier (M)
300 ml Milch
100 ml Mineralwasser mit Kohlensäure
250 g Mehl
2 Prisen frisch geriebene Muskatnuss
2 TL italienische Kräuter
Salz
100 g geriebener Gouda
Schwarzer Pfeffer
100 g Kirschtomaten
100 g TK-Erbsen
320 g Nürnberger Rostbratwürstchen

1 Den Ofen auf 200° vorheizen. Ein Blech mit Backpapier auslegen.

2 Die Frühlingszwiebeln waschen, putzen und in feine Ringe schneiden. Die Eier in einer Schüssel mit Milch und Mineralwasser verquirlen. Das Mehl zugeben und alles zu einem homogenen Teig verrühren. Frühlingszwiebeln, Muskat, Kräuter, ½ TL Salz und Käse zufügen und unterrühren. Mit Salz und Pfeffer abschmecken.

3 Die Tomaten waschen und halbieren. Den Teig auf das Blech gießen und mit Tomaten, Erbsen und Würstchen belegen.

4 Den Pfannkuchen im heißen Ofen (Mitte) ca. 25 Min. backen. In Stücke schneiden und servieren.

REISAUFLAUF MIT ROTBARSCH

EINFACH

400 g Rotbarschfilet (ersatzweise aufgetautes TK-Rotbarsch- oder Kabeljaufilet)
150 g Kirschtomaten
1 Zwiebel
300 g TK-Brokkoli
400 g Sahne
1 ½ TL Salz
1 Prise frisch geriebene Muskatnuss
2 TL edelsüßes Paprikapulver
500 g Express-Basmati-Reis (aus dem Beutel)
150 g geriebener Mozzarella
Schwarzer Pfeffer

AUSSERDEM

1 große Auflaufform (ca. 30 × 30 cm)

1 Den Backofen auf 200° vorheizen.

2 Die Fischfilets waschen, trocken tupfen und nebeneinander in die Auflaufform legen.

3 Die Tomaten waschen und halbieren. Die Zwiebel schälen und fein würfeln. Tomaten, Zwiebel und Brokkoli in der Auflaufform verteilen. Fisch und Gemüse mit der Sahne übergießen und mit Salz, Muskat und Paprikapulver würzen.

4 Die Form in den heißen Ofen (Mitte) geben und Fisch und Gemüse ca. 15 Min. backen.

5 Inzwischen den Reis im Beutel vorsichtig durchkneten. Die Form aus dem Ofen nehmen und den Reis darin gleichmäßig mit einer Gabel verteilen. Den Mozzarella darüberstreuen.

6 Den Reisauflauf in weiteren 15–20 Min. bis zum gewünschten Bräunungsgrad fertig backen. Dann kurz abkühlen lassen, auf Teller verteilen und mit etwas Pfeffer bestreut servieren.

Für 4 Personen • 15 Min. Zubereitung • 12 Min. Backen • Pro Portion ca. 530 kcal, 29 g E, 37 g F, 19 g KH

SPIEGELEIER AUF RÖSTBROT

ZUM FRÜHSTÜCK

80 g Butter
8 Scheiben Vollkorntoastbrot
1 kleine Zwiebel
100 g gekochter Schinken
½ Bund Schnittlauch
8 Eier (M)
½ TL edelsüßes Paprikapulver
Salz, schwarzer Pfeffer
80 g geriebener Gratinkäse

AUSSERDEM

1 große Auflaufform (ca. 30 × 30 cm)

1 Den Ofen auf 220° vorheizen. Die Butter in die Auflaufform geben und im heißen Ofen schmelzen. Herausnehmen und den Toast in der Butter wenden. Die Scheiben dicht nebeneinander in die Form legen und in ca. 4 Min. im Ofen (Mitte) goldbraun rösten.

2 Inzwischen die Zwiebel schälen und fein würfeln. Den Schinken ebenfalls fein würfeln. Den Schnittlauch abbrausen, trocken schütteln und in feine Röllchen schneiden.

3 In jede Toastscheibe mittig mit der Rückseite eines Esslöffels eine Mulde drücken. Die Eier nacheinander aufschlagen und vorsichtig in die Mulden geben. Mit Paprikapulver, Salz und Pfeffer würzen. Mit Zwiebel, Schinken und Käse bestreuen und im heißen Ofen (Mitte) 8–10 Min. bis zum gewünschten Gargrad backen. Herausnehmen und mit Schnittlauch bestreut servieren.

Für 4 Personen • 10 Min. Zubereitung • 25 Min. Backen • Pro Portion ca. 710 kcal, 26 g E, 28 g F, 84 g KH

BANANEN-FEIGEN-AUFLAUF

FÜR GÄSTE

4 Feigen
3 reife Bananen
3 Eier (M)
500 ml Milch
1 EL Ahornsirup
250 g Haferflocken
75 g gemahlene Mandeln
1 TL Backpulver
1 TL Zimtpulver
Salz
100 g Schokodrops

AUSSERDEM
1 mittelgroße Auflaufform (ca. 25 × 30 cm)
Ahornsirup zum Servieren

1 Den Backofen auf 180° vorheizen.

2 Die Feigen waschen und vierteln. Die Bananen schälen und in die Auflaufform geben. Mit einer Gabel zerdrücken. Eier und Milch zugeben und alles verrühren. Haferflocken, Mandeln, Backpulver, Zimt und 1 Prise Salz zufügen und untermischen.

3 Den Auflauf mit Feigen belegen, mit Schokodrops bestreuen und im heißen Ofen (Mitte) ca. 25 Min. backen. Herausnehmen und in Stücke schneiden. Mit Ahornsirup beträufelt servieren.

Für 12 Stücke • 10 Min. Zubereitung • 25 Min. Backen • Pro Stück ca. 265 kcal, 4 g E, 14 g F, 31 g KH

BLONDIES MIT CRANBERRYS UND WALNÜSSEN

SCHNELL GEMACHT

70 g Walnusskerne
80 g Margarine
80 g Rohrohrzucker
2 EL Mandelmus
100 g Apfelmark
230 g Mehl
1 TL Weinstein-Backpulver
100 g weiße Schokolade
50 g Cranberrys

AUSSERDEM
1 kleine Auflaufform (ca. 20 × 20 cm)

1 Den Backofen auf 180° vorheizen. Eine Auflaufform mit Backpapier auslegen. Die Walnüsse grob hacken.

2 In einer Schüssel Margarine, Rohrohrzucker, Mandelmus, Apfelmark, Mehl und Backpulver mit den Quirlen des Handrührgeräts zu einem Teig verrühren.

3 Die weiße Schokolade grob hacken. Walnüsse, weiße Schokolade und Cranberrys kurz unter den Teig mischen. Den Teig in die Form füllen und glatt streichen.

4 Die Form in den heißen Ofen (Mitte) geben und den Blondie in 22–25 Min. goldbraun backen. Anschließend in der Form auskühlen lassen. Dann mitsamt dem Backpapier herausheben, in Stücke schneiden und servieren.

GUT ZU WISSEN
Das Blondie-Rezept funktioniert perfekt als Basisrezept. Statt Walnüssen, weißer Schokolade und Cranberrys können auch andere (Trocken-)Früchte, Nüsse und Schokolade verwendet werden.

REGISTER

Vegetarische Rezepte, die im Buch mit einem 🌢 gekennzeichnet sind, sind hier grün abgesetzt.

Abkürzungsverzeichnis:
E = Eiweiß
EL = Esslöffel (gestrichen)
F = Fett
kcal = Kilokalorien
KH = Kohlenhydrate
Msp. = Messerspitze
Pck. = Päckchen
TK = Tiefkühl
TL = Teelöffel (gestrichen)
Ø = Durchmesser

G|U QUALITÄTS GARANTIE

LIEBE LESERINNEN UND LESER,

wir wollen Ihnen mit diesem Buch Informationen und Anregungen geben, um Ihnen das Leben zu erleichtern oder Sie zu inspirieren, Neues auszuprobieren. Wir achten bei der Erstellung unserer Bücher auf Aktualität und stellen höchste Ansprüche an Inhalt und Gestaltung. Alle Anleitungen und Rezepte werden von unseren Autoren, jeweils Experten auf ihren Gebieten, gewissenhaft erstellt und von unseren Redakteur*innen mit größter Sorgfalt ausgewählt und geprüft.

Haben wir Ihre Erwartungen erfüllt? Sind Sie mit diesem Buch und seinen Inhalten zufrieden? Wir freuen uns auf Ihre Rückmeldung. Und wir freuen uns, wenn Sie diesen Titel weiterempfehlen, in Ihrem Freundeskreis oder bei Ihrem Online-Kauf.

Sollten wir Ihre Erwartungen so gar nicht erfüllt haben, tauschen wir Ihnen Ihr Buch jederzeit gegen ein gleichwertiges zum gleichen oder ähnlichen Thema um.

KONTAKT ZUM LESERSERVICE

GRÄFE UND UNZER VERLAG
Grillparzerstraße 12
81675 München
www.gu.de

IMPRESSUM

Postfach 860366, 81630 München

GU ist eine eingetragene Marke der GRÄFE UND UNZER VERLAG GmbH, www.gu.de

ISBN 978-3-8338-9047-5
2. Auflage 2023

Projektleitung: Monika Greiner
Lektorat: Christin Geweke
Korrektorat: Waltraud Schmidt
Gesamtgestaltung: independent Medien-Design, München
Umschlaggestaltung: ki36 Editorial Design, Sabine Krohberger, München
Herstellung: Gloria Schlayer
Satz: Eberl & Koesel Studio GmbH
Reproduktion: medienprinzen GmbH
Druck + Bindung: Firmengruppe APPL, aprinta druck, Wemding
Printed in Germany

Bildnachweis:
Mona Binner: S. 06-59 und Stepfotos auf den Klappen
Coco Lang: S. 01, 05 und Stillleben auf den Klappen
Jan C. Brettschneider: Cover
Andrea Mühleck: S. 04 Autorenfoto

Syndication: www.seasons.agency

Die GU-Homepage finden Sie unter www.gu.de

GRÄFE UND UNZER
Ein Unternehmen der
GANSKE VERLAGSGRUPPE

Die Autorinnen

Annina Schäflein und Lena Merz

sind SPIEGEL-Bestseller-Autorinnen, Ernährungsexpertinnen und Bloggerinnen. Mit breifreibaby.de erreichen sie täglich Tausende Interessierte und wissen daher genau, was Kindern schmeckt und Familien brauchen.

Die Fotografin

Mona Binner

arbeitet erfolgreich für namhafte Kunden, Magazine und Verlage – immer das jeweils perfekte Foto im Blick. Sie lebt mit ihrem Mann, Sohn und einer Katze in Hannover.